COLLECTION DE M. M<sup>me</sup> DU B...

# OBJETS D'ART

## ET DE CURIOSITÉ

M<sup>e</sup> Ch. PILLET, Commissaire-Priseur

MM. MANNHEIM, Experts

PARIS. IMPRIMERIE DE PILLET FILS AÎNÉ

5, RUE DES GRANDS-AUGUSTINS.

# CATALOGUE

D'UNE JOLIE RÉUNION

# D'OBJETS D'ART

## ET DE CURIOSITÉ

Très-beau Vase en marbre blanc avec monture en bronze doré au mat,
attribuée à Gouthières ;
Parquet de Glace du temps de Louis XVI, enrichi de sculptures de la plus grande finesse
Glace à très belle bordure du temps de Louis XIV, en bois sculpté et doré ;
Belles Tabatières ; Bijoux ; Beau Portrait du roi Louis XIV, peint sur émail par Petitot
Jolies Miniatures ; Armes anciennes ; Faïences de Rouen et de Moustiers ;
Meubles en bois sculpté, de style gothique, de la Renaissance et des époques Louis XIV
Louis XV et Louis XVI ; Belles Tapisseries de Beauvais ;
et Objets divers

## COMPOSANT LA COLLECTION DE M. M. DU B.

DONT LA VENTE AURA LIEU

# HOTEL DROUOT, SALLE N° 4

AU PREMIER

## Le samedi 19 décembre 1863

À UNE HEURE

Par le ministère de M<sup>e</sup> **CHARLES PILLET**, Commissaire-Priseur,
rue de Choiseul, 11,

Assisté de MM. **MANNHEIM**, Experts, rue de la Paix, 10.

*Chez lesquels se distribue le présent Catalogue.*

## EXPOSITION PUBLIQUE

*Le vendredi 18 décembre 1863, de une heure à cinq heures.*

## CONDITIONS DE LA VENTE

Elle sera faite au comptant.

Les adjudicataires payeront *cinq pour cent* en sus des enchères, applicables aux frais.

Paris. — Imp. de Pillet fils aîné, rue des Grands-Augustins, 5.

# DÉSIGNATION

# DES OBJETS

## Tabatières, Bijoux et Miniatures.

1 — Belle Tabatière Louis XVI en or guilloché émaillé gros bleu, et à cordons finement ciselés, à chaînettes et à perles en relief; sur le couvercle se trouve une jolie peinture sur émail à sujet de personnages.

2 — Jolie Tabatière ovale en longueur, en or émaillé, imitant l'agate arborisée, et à cordons finement ciselés à rosaces et feuillages. Époque Louis XVI.

3 — Boîte ovale en vernis de Martin décorée d'amours et d'attributs guerriers, sur fond rouge. Monture à gorge à charnière en or gravé.

4 — Autre Boîte ovale à figures sur fond marbré rouge. Monture à gorge à charnière en vermeil.

5 — Jolie Boîte de forme contournée du temps de Louis XVI, le pourtour en or gravé à attributs de guerre et figure; le fond et le couvercle sont ornés de deux belles plaques en cornaline.

6 — Boîte de même forme en ancienne porcelaine de Saxe décorée de combats de cavaliers et de sujets maritimes. Gorge à charnière en or, le bec formé par un aigle tenant une couronne.

7 — Boîte ovale en prisme de grenat, taillée à cuvette.

8 — Jolie Bonbonnière en or émaillé bleu lapis et cordons blancs, et à médaillon de personnages finement peint. Epoque Louis XVI.

9 — Jolie Bonbonnière à cordons finement ciselés sur or et fond émaillé rouge; le couvercle est orné d'une peinture sur émail. Époque Louis XVI.

10 — Boîte à cure-dents de forme longue à angles coupés, en or guilloché à filets émaillés blanc et bleu d'ampois; sur le couvercle se trouve l'inscription *Gage d'amitié* sur fond émaillé.

11 — Joli portrait du roi Louis XIV, peint sur émail, par Petitot; il est monté dans une bordure ovale à reverbère en or, et posé sur une boîte ronde en écaille, à charnière et doublée en or.

Collection Soret.

12 — Portrait ovale du roi Louis XV, peint sur émail et signé
au revers, Mathieu.

13 — Très-belle miniature ovale, par Isabey; portrait du roi
Louis XVIII, monté dans une bordure en or ciselé à
reverbère et filet d'émail bleu, et posé sur une boîte
d'écaille de forme oblongue doublée en or.

Collection Soret.

14 — Très petit portrait du roi Louis XVI, peint en miniature
et monté dans une bague en or.

15 — Portrait du roi Louis de Hollande, peint en miniature.

16 — Drageoir de forme contournée, en argent; le couvercle
est orné d'un sujet mythologique finement repoussé.
Style Louis XIV.

Collection Soret.

17 — Joli fixé de forme carrée, par Delhaye, représentant une
chasse aux cerfs; il est monté sur une boîte d'écaille
doublée en doublé d'or.

18 — Fixé de forme ronde, représentant deux chevaux, par
Shmidt; il est monté sur une boîte en écaille.

19 — Jolie miniature ovale, Portrait du roi Louis XVI.

20 — Montre Louis XIII en or émaillé, à figures et paysages.

21 — Peinture sur émail, Moïse sauvé des eaux.

22 — Petite Figurine du dieu Pan, en chrysophrase finement
gravée, reposant sur un pied de bouc en argent, et
base cannelée de même matière.

23 — Cachet tournant en topaze, à deux faces gravées à blasons ; monture Louis XIV, en or de couleurs.

24 — Manche de cachet en ivoire sculpté, représentant le
buste du roi Charles X.

25 — Jolie râpe à tabac du temps de Louis XIV, offrant sur
une de ses faces Jupiter et Junon, et sur l'autre,
Vénus au bain et un blason.

Collection Soret.

26 — Très-beau portrait du roi Louis XVIII, par M$^{me}$ de
Mirbel (née Lyzincka Rue) 1819. Cadre en bois
sculpté et doré.

27 — Deux charmantes peintures à l'huile, représentant des
intérieurs d'églises, par Peter Neef. Elles ornent
les fonds d'une petite boîte ovale en ivoire.

Collection Soret.

28 — Jolie peinture à l'huile sur cuivre, représentant la Nati-
vité, entourée d'une couronne de fleurs finement
peintes.

Collection Soret.

29 — Boîte de forme oblongue en buis sculpté, portant sur

chacune de ses faces un sujet de personnages. Elle est montée et doublée en argent doré.

Collection Soret.

30 — Coquetier à piédouche en argent, à médaillons très-fins, sujets mythologiques.

31 — Petit flacon à bouchon en or de couleurs ciselé. Époque Louis XVI.

32 — Petite trousse en cuir fleurdelisé; elle contient trois petits ustensiles à manches d'argent. Epoque Louis XIII.

## Meubles et Bronzes.

33 — Magnifique parquet de glace provenant du dessus d'une cheminée, avec des divisions de panneaux droits et ovales, en bois sculpté de la plus grande finesse. Travail remarquable du temps de Louis XVI. Haut. 1<sup>m</sup>,76; larg. 1<sup>m</sup>,51.

Collection Séchan.

34 — Grande et belle glace à bordure et fronton en bois sculpté et doré, de la plus grande finesse d'exécution. Époque Louis XIV.

Collection Voisin, d'Angers.

35 — Charmant petit vase en marbre blanc et bronze doré

au mat, de la plus grande finesse de ciselure. Il est de forme cylindrique avec piédouche, et est supporté par deux figurines d'amours, debout, reposant sur un socle enrichi d'une frise ornementée.

Ce gracieux objet, remarquable par sa composition et par le fini de son travail, est attribué à Gouthières.

36 — Belle console de suspension du temps de Louis XIV, en bois sculpté et doré. Elle est ornée d'un mascaron d'enfant et de beaux enroulements.

Collection Voisin, d'Angers.

37 — Modèle de pendule en bois sculpté et doré, du temps de Louis XIV, avec socle.

Collection Séchan.

8 — Deux jolis bras de cheminée, en bois finement sculpté et doré. Ils sont à deux lumières et enrichis de mufles de lions soutenant des festons de fleurs et d'ornements divers. Époque Louis XVI.

39 — Très-belle bordure de forme carrée du temps de Louis XIV, en bois sculpté et doré. Le fronton porte les armes de France.

40 — Petite chauffeuse en bois sculpté du temps de Louis XIV, couverte en tapisserie au petit point, avec passementerie du temps.

41 — Petit pliant à dossier, en bois sculpté, orné d'un bas-

relief représentant la Samaritaine. Travail allemand
du XVIIe siècle.

Collection Évans-Lombe.

42 — Très-belle stalle en bois sculpté. Époque de la Renaissance.

43 — Joli petit cabinet en ébène incrusté d'ivoire. Époque de
Louis XIII.

44 — Belle crédence gothique en bois sculpté.

45 — Dressoir en marqueterie de bois. Époque Louis XIII.

46 — Bahut en bois de chêne sculpté.

47 — Deux grandes torchères en bois sculpté et doré du temps
de Louis XIV.

48 — Belle tapisserie de Beauvais, représentant l'automne,
sujet allégorique, avec riche bordure de fruits et de
gibiers.

49 — Une autre représentant l'hiver.

50 — Une autre à sujet analogue.

51 — Jolie crédence en bois de noyer sculpté, du temps de
Louis XII.

52 — Secrétaire à abattant en bois d'acajou, à tablette en marbre blanc et garni de bronzes dorés. Époque Louis XVI.

53 — Crédence en bois sculpté, du temps de Louis XII.

54 — Deux grands rideaux en guipure ancienne.

55 — Deux Consoles Louis XV en bois de rose, garnies de bronzes et accompagnées de leurs marbres.

56 — Console en bois sculpté, Louis XVI, à quatre pieds.

57 — Petite Table en bois de rose garnie de bronzes, et dessus de marbre blanc.

58 — Petit bureau Louis XV, à dos d'âne, en bois d'amaranthe, garni de bronzes.

59 — Petit Chiffonnier-Table de nuit en bois de rose garni de cuivres.

60 — Buffet à panneaux en laque de Chine.

61 — Console-Étagère en bois d'acajou Louis XVI, garnie de cuivres, avec son marbre blanc.

62 — Devant de coffre en bois de chêne sculpté.

63 — Tapisserie de Beauvais, à sujet de personnages.

64 — Un Lot de cuirs de Cordoue.

# Faïences, Porcelaines et divers.

65 — Beau plat en ancienne faïence de Moustiers, à décors
polychrôme; riche bordure à ornements et médaillon
au centre. Cadre en bois noir et filets dorés.

66 — Plateau octogone en faïence de Moustiers, à décors bleu
sur blanc, portant l'écusson de la famille d'Este.

67 — Bourdaloue en ancienne faïence de Rouen, à décors
polychrôme.

68 — Petit plateau otogone en faïence de Rouen, à décors
bleu sur blanc.

69 — Assiette en ancienne faïence de Rouen, à riche décor
en bleu sur blanc.

70 — Assiette en faïence de Moustiers, à décor bleu sur blanc,
et portant un écusson armorié.

71 — Jardinière en faïence de Rouen, à décor polychrôme
très-fin.

72 — Six assiettes en ancienne porcelaine de Chine, à blason
émaillé; le reste du décor à fleurs en noir et or.

73 — Garniture de cinq pièces en ancienne porcelaine du Japon, composée de trois potiches et deux cornets.

74 — Belle Épée de cour du temps de Louis XV, en fer finement gravé, à figures sur fond doré.

75 — Autre Épée de cour, à médaillons de figures finement gravées sur fer.

76 — Belle hallebarde, portant en damasquiné d'or le blason de France. Époque Louis XIV.

77 — Etrier en bronze, portant sur chacune de ses faces le blason fleurdelisé et la lettre H.

78 — Miroir de Venise, avec garniture de cuivre doré.

79 — Aiguière et son bassin. Travail oriental.

80 — Bourse quêteuse en velours brodé fleurdelisé.

81 — Paire de mouchettes en bronze ciselé et doré dans le style de l'époque Louis XIV.

82 — Un volume relié en maroquin, avec blason.

83 — Miniature ovale sur vélin, représentant une tête de Vierge. Bordure en bois de chêne.

84 — Petit Plat ovale en hauteur, en faïence de Bern.-Palissy. Le fond présente le blason de France couronné, soutenu par deux figurines de génies ailés.

85 — Garniture d'écran en velours de Gênes, à figures, cariatides et enroulements. Époque Louis XIV.

86 — Trois Clefs en fer forgé.

87 — Amorçoir en buis sculpté du temps de Louis XIV, enrichi de bustes, de mascarons et d'ornements très-fins.

Collection Soret.

88 — Belle médaille en bronze doré, de Louis XII et d'Anne de Bretagne.

89 — Verrou en fer forgé, portant le blason de France et celui de Diane de Poitiers.

90 — Deux petits flambeaux en buis sculpté. Époque Louis XIII.

91 — Grand pulvérin du temps de Louis XIV, en fer répoussé, portant sur une de ses faces un sujet militaire, des guerriers et des ornements, et sur l'autre une fleur de lis, et des figures de génies ailés repercés à jour.

92 — Joli petit tric-trac formant échiquier, en marqueterie d'ivoire et d'ébène.

Il porte en relief quelques blasons fleurdelisés, et est enrichi de bandes de cuivre, ornées de figures et d'animaux.

93 — Triptyque en ivoire sculpté dans le style du XIVe siècle.

94 — Bible, traduction allemande de Luther, avec gravures dans le texte, reliure en cuir et fermoirs et écoinçons en cuivre.

95 — Coffret en cuir gaufré, garni en fer.

96 — Petite Arbalète.

97 — Épée à garde à coquille repercée à jour.

98-101 — Quatre autres épées analogues, qui seront vendues séparément.

102 — Cuirasse en fer du temps de Louis XIV.

103 — Peinture sur bois, fond d'or, attribuée à Eysen.

104 — Fontaine en cuivre rouge repoussé.

105 — Plusieurs petits plats en étain.

106 — On vendra, sous ce numéro, les objets omis.

www.ingramcontent.com/pod-product-compliance
Lightning Source LLC
LaVergne TN
LVHW010849180726
843502LV00009B/3804